Dieses Buch gehört:

Christine Nöstlinger (1936–2018), in Wien geboren und aufgewachsen, zählt zu den erfolgreichsten Kinder- und Jugendbuchautoren der Gegenwart. Nach dem Abitur studierte sie zunächst Gebrauchsgrafik an der Akademie für Angewandte Kunst. 1970 veröffentlichte sie ihr erstes Kinderbuch, das Bilderbuch „Die feuerrote Friederike". Sie hat über 100 Bücher für alle Altersgruppen herausgebracht, fantastische und realistische, immer sozial engagierte Geschichten, die in viele Sprachen übersetzt worden sind.

Erhard Dietl lebt als freier Schriftsteller und Illustrator in München. Er hat über 100 Kinderbücher veröffentlicht, mit großem nationalem und internationalem Erfolg. Seine Bücher wurden mehrfach ausgezeichnet. Zu seinen erfolgreichsten Figuren gehören die anarchischen Olchis, die sogar Büchermuffel zum Lesen und Lachen bringen.

Christine Nöstlinger

Neue Schulgeschichten vom Franz

Bilder von
Erhard Dietl

Verlag Friedrich Oetinger · Hamburg

Die Probleme vom Franz

Der Franz ist sieben Jahre und sechs Monate alt. Er hat eine Mama und einen Papa, einen großen Bruder und eine Freundin. Der große Bruder heißt Josef, die Freundin heißt Gabi. Sie wohnt in der Nachbarwohnung vom Franz. Ein paar Probleme hat der Franz auch. Ein Problem ist, wenn man mit einer Sache nicht gut zurechtkommt.

Der Franz kommt damit nicht gut zurecht, dass er das kleinste Kind in der Schule ist. Dabei ist der Franz in den letzten sechs Monaten um drei Zentimeter gewachsen. Aber die anderen Kinder sind in den letzten Monaten leider ebenfalls um drei Zentimeter gewachsen!

Mit seiner Stimme hat der Franz auch ein Problem. Die wird hoch und piepsig, wenn sich der Franz aufregt. Ein richtiges Mause-stimmchen bekommt er dann. Das ärgert ihn sehr. Wenn man sich aufregt, will man ja schreien und nicht piepsen.

Früher hatte der Franz noch ein anderes
Problem. Er kam damit nicht zurecht, dass er
wie ein Mädchen ausschaute.
Aber dieses Problem hat der Franz gelöst!
Die blonden Ringellocken vom Franz waren
nämlich schuld daran gewesen, dass ihn die
Leute für ein Mädchen gehalten hatten.

Darum hatte sich der Franz eine Zeit lang
vom Papa den Schädel kahl scheren lassen.
Ein kahlköpfiges Kind hält niemand für ein
Mädchen! Doch seit ein paar Wochen lässt der
Franz die Haare wieder wachsen.

FRANZ

Er hat im Badezimmer eine Tube gefunden.
Mit klebrigem rosa Zeug darin. Haar-Gel heißt
das klebrige rosa Zeug. Wenn man das auf
den Kopf schmiert, stehen die Haare steif vom
Kopf weg. Kein bisschen ringeln sie sich dann.
Wie Igelstacheln schauen sie dann aus. So
eine Frisur hat kein Mädchen!
Die Mama und der Papa mögen die neue Frisur
vom Franz überhaupt nicht.
„Franz", jammert die Mama. „Ich steche mir
die Finger wund, wenn ich dir über den Kopf
streichele!"

Doch das stört den Franz nicht. Er denkt: Ich bin ja kein Baby mehr! Ich will sowieso nicht gestreichelt werden!

„Franz!", jammert der Papa. „Du schaust zum Fürchten aus!"

Auch das stört den Franz nicht.

Er denkt: Ist mir nur recht, wenn sich die Leute vor mir fürchten!

Und der Josef nennt den Franz, seit er die neue Frisur hat, nur mehr: „Borstenvieh!"

Aber früher hat der Josef den Franz immer „Blödmann" genannt. Oder „Dödel" oder „Zwerg".

Da ist dem Franz das „Borstenvieh" noch lieber.

Die Gabi stört die neue Frisur vom Franz nicht. Ihr gefallen die Igelstacheln gut. Sie hätte sogar selber gern welche. Aber ihre Mama erlaubt ihr keine.

„Recht hat sie", sagt der Franz zur Gabi. „Weil du eben ein Mädchen bist!"

Und noch ein Problem hat der Franz: die Lilli!

Die Lilli ist eine Studentin. Sie kommt jeden
Nachmittag und passt auf den Franz auf. Weil
die Mama vom Franz in einem Büro arbeitet.
Die Lilli kocht dem Franz Mittagessen. Sie
sitzt neben dem Franz, wenn er die Aufgaben
schreibt. Sie spielt mit dem Franz. Sie geht
mit dem Franz spazieren. Und näht ihm
abgerissene Knöpfe an.
Die Lilli ist ganz wichtig für den Franz. Ohne
Lilli kann sich der Franz das Leben gar nicht
mehr vorstellen.

Aber die Lilli wird bald fertig studiert haben. Wenn sie ihre letzte Prüfung gemacht hat, will sie für ein Jahr nach Amerika fahren. Dort hat sie einen Onkel und eine Tante.

Der Franz betet jeden Abend: „Lieber Gott, lass meine Lilli bei der letzten Prüfung durchfallen! Damit sie nicht nach Amerika fährt! Amen!"

Bisher hat der liebe Gott den Franz erhört. Zweimal ist die Lilli schon bei der letzten Prüfung durchgefallen.

Der Franz kommt sich ein bisschen gemein vor, dass er den lieben Gott um etwas bitten muss, was der Lilli Kummer macht.

Besonders dringend braucht der Franz die Lilli für die Hausaufgaben. Da hat der Franz nämlich auch ein Problem! Der Franz kann sehr gut lesen. Und sehr gut rechnen. Schöne Sätze ausdenken kann er sich auch. Bloß mit dem Schreiben kommt er nicht gut zurecht. Manchmal macht er die Buchstaben verkehrt herum.

Statt „ich bin" schreibt er dann „ich din". Und
oft schaut ein Dreier vom Franz so aus: Ɛ Und
ein Vierer so: Ꮞ Darum hat der Franz die
Achter und die Nullen und die A, die H, die
I, die M, O, T, U, V, W und die X so gern. Bei
denen kann man sich nicht irren. Die sind
verkehrt herum auch richtig!
Wenn der Franz seine Hausaufgaben macht,
sitzt die Lilli neben ihm und passt auf, dass er
alle Buchstaben und Ziffern richtig schreibt.
Für Notfälle hat sie den „Tintentod".
Der „Tintentod" ist in einer kleinen Flasche. Am
Flaschenstöpsel ist ein winziger Pinsel. So wie

bei einer Nagellackflasche. Tut man mit dem
winzigen Pinsel einen Tupfer vom „Tintentod"
auf einen falsch geschriebenen Buchstaben,
ist der so einfach weggelöscht! Dann muss
man nur noch warten, bis der „Tintentod"
aufgetrocknet ist, und kann den Buchstaben
richtig hinschreiben.
Pro Monat verbraucht die Lilli für die Hefte vom
Franz eine Flasche vom „Tintentod".

Wie der Franz das Piepsen besiegte

Einmal, als der Franz von der Schule kam,
sagte die Lilli: „Kurzer, nach den Aufgaben
gehen wir zum Peter, Katzen anschauen!
Sonst sind die weg. Morgen werden sie
abgeholt!"
Die Lilli nennt den Franz immer „Kurzer".
Das stört ihn nicht. Weil die Lilli alle Buben
„Kurzer" nennt. Auch die, die sehr lang sind.
Der Franz war ganz verrückt nach den jungen
Katzen. Er hatte es unheimlich eilig, zu den
jungen Katzen zu kommen.
Der Franz dachte: Wer weiß! Vielleicht
kommen die Leute, denen der Peter die jungen

14

Katzen schenkt, schon heute! Wer weiß,
vielleicht kommen sie schon in einer Stunde!
So sagte der Franz beim Mittagessen zur Lilli:
„Wir haben heute gar keine Aufgabe. Der
Zickzack hat es vergessen!"
Der Zickzack ist der Lehrer vom Franz.
Eigentlich heißt er Swoboda. Aber weil er ein
bisschen „zickzack" redet, hat ihm der Franz
diesen Namen gegeben.
Die Lilli glaubte dem Franz und ging gleich
nach dem Mittagessen mit dem Franz zum
Peter und zu den jungen Katzen.

Bis zum Abend blieben sie beim Peter und den jungen Katzen.

Als der Franz heimkam, waren die Mama, der Papa und der Josef schon da. Sogar das Nachtmahl stand schon auf dem Tisch.

Der Franz aß Grießschmarrn. Der Franz half der Mama Geschirr abwaschen. Er spielte mit dem Papa Memory. Er badete in viel Schaum. Er schaute ein bisschen fern. Dann legte er sich ins Bett. Er wollte gerade einschlafen, da fiel ihm die Hausaufgabe ein. Ohne die konnte er morgen nicht in die Schule gehen! Das war ganz unmöglich!

So stieg der Franz gähnend aus dem Bett, setzte sich zum Schreibtisch und holte das karierte Hausübungsheft aus der Schultasche. Rechenaufgaben hatte der Zickzack aufgegeben. Sechs kurze Rechenaufgaben nur.

Aber der Franz war schon sehr, sehr müde. Und der Franz wusste: Wenn er sehr, sehr müde war, dann schrieb er die Ziffern

besonders gern verkehrt herum. Der Franz
dachte: So hundsmüde, wie ich jetzt bin,
schreibe ich garantiert jede Ziffer verkehrt
herum!
Und da fiel dem Franz ein, dass die Sache
dann ja ganz einfach war! Er dachte: Dann
schreib ich eben alles so, wie es mir falsch
vorkommt! Wenn es mir falsch vorkommt, wird
es sicher richtig sein. Der Franz war sehr stolz
auf diese Superidee.

Der Franz hielt sich an seine Superidee. Gähnend und in feinster Schönschrift schrieb er in das karierte Heft:

$$7 + 6 = 13 \qquad 10 + 8 = 18$$
$$11 - 4 = 7 \qquad 15 - 9 = 6$$
$$16 + 3 = 22 \qquad 11 + 11 = 22$$

Der Franz hätte also nur zwei Fehler gemacht, wenn ihm die Superidee nicht eingefallen wäre. Doch das merkte er nicht. Das merkte er erst am nächsten Morgen, als er das karierte Heft in die Schultasche stecken wollte. Da sah der Franz die ganze Bescherung. Und erschrak fürchterlich! Und holte den „Tintentod". Und schüttete gut einen Fingerhut voll „Tintentod" über die Rechenaufgaben und verwischte den Tintentod-See mit dem winzigen Pinsel. Der Tintentod zauberte die verkehrten Ziffern weg. Und die richtigen auch. Doch als das karierte Papier aufgetrocknet war, war es gelb. Und

schlug Wellen. Scheußlich schaute es aus!
Der Franz lief mit dem Heft zur Mama. Die
Mama war im Badezimmer. Unter der Dusche
stand sie.
Der Franz rief: „Mama, schau, was dem Heft
passiert ist!"
Kaum hatte er das gesagt, war dem Heft noch
etwas viel Schrecklicheres passiert! Der Franz
stolperte über die Pantoffeln der Mama, das
Heft rutschte ihm aus der Hand, flitzte durch
die Luft und sauste in die Badewanne.

Die Mama drehte sofort das Wasser ab, aber
das nützte auch nichts mehr. Klatschnass lag
das Heft in der Wanne, blaues Wasser floss
dem Abfluss zu. Der Franz fischte das Heft
aus der Badewanne. Keine einzige Seite war
heil geblieben. Alle Rechenaufgaben vom
Franz waren zu blauen Wolken zerflossen.
Sogar was der Zickzack mit roter Tinte in das
Heft geschrieben hatte, war zu rosa Wolken
geworden.

„Was tu ich denn jetzt?", schluchzte der Franz mit Pieps-Stimme.

Die Mama stieg aus der Badewanne und seufzte.

Der Papa kam ins Badezimmer und bestaunte das tropfende Heft.

Der Josef kam auch ins Badezimmer und lachte über das tropfende Heft.

Der Franz schluchzte weiter. Und piepste: „Das kann ich dem Zickzack nie im Leben erklären!"

„Klar kannst du!", sagte die Mama.

„Klar kann er nicht!", sagte der Josef. „Wenn er so piepst, versteht der Zickzack doch kein Wort!"

Das sahen der Papa und die Mama ein.

„Ja, was machen wir denn da?", murmelten der Papa und die Mama.

„Einer von euch muss mit dem Borstenvieh in die Schule gehen", sagte der Josef.

„Dann kommen wir aber zu spät ins Büro", sagten der Papa und die Mama.

„Geh du mit mir", piepste der Franz und schaute den Josef an.

Der Josef rief: „Jetzt spinn nicht, Borstenvieh! Ich muss doch selber in die Schule!"

„Und die Lilli?", piepste der Franz.

„Genau! Die Lilli!", rief die Mama.

Die Mama wickelte sich das Badetuch um den Bauch, lief zum Telefon und rief die Lilli an.

Doch bei der Lilli hob niemand den Hörer ab.

Manchmal übernachtete die Lilli nämlich beim Peter.

„Ich hab's", sagte der Papa. „Ich schreibe dem Zickzack einen netten Brief!"
Er holte ein Blatt vom feinen Briefpapier und schrieb:

Sehr geehrter Herr Swoboda,
das Rechenheft meines lieben Sohnes ist leider in der Badewanne ertrunken, was uns allen sehr leid tut. Ich bitte Sie, dieses Missgeschick wohlwollend zur Kenntnis zu nehmen.
Hochachtungsvoll
Fröstl

Der schöne Brief beruhigte den Franz. Er hörte zu schluchzen auf, seine Stimme wurde auch wieder normal. Dem Zickzack bloß stumm den Brief zu überreichen, traute sich der Franz zu.

Der Franz faltete den Brief. Er wollte ihn in die Schultasche stecken. Doch da klingelte die Gabi an der Tür. Sie holte den Franz jeden Morgen ab. Der Franz wollte die Gabi nicht warten lassen. Er steckte den Brief in die hintere Hosentasche, schnappte die Schultasche, rief „Tschüs" und lief aus der Wohnung.

Die Mama rief hinter ihm her: „Es regnet, Franz!"

Der Franz hörte es. Doch weil die Gabi keinen Regenmantel anhatte, wollte er auch keinen anziehen. Er war ja schließlich nicht aus Zucker. Und es regnete ja nur ein bisschen. Drei Quergassen vor der Schule waren der Franz und die Gabi, da fing es zu schütten an. Ein regelrechter Wolkenbruch war das!

Der Franz wollte sich in einer Tornische
unterstellen. Doch die Gabi nahm ihre Schultasche auf den Kopf und rannte der Schule zu.

„Ist fast wie ein Regenschirm", rief sie.
Da legte sich der Franz seine Schultasche auf
die Igelstacheln und rannte hinter der Gabi her.
Tropfnass kam der Franz in die Klasse. Die
anderen Kinder waren alle trocken. Die hatten
ja Regenmäntel angehabt. Der Zickzack
schickte den Franz zur Frau Schulwart.

„Kopf trocknen", sagte er. „Sonst gibt es einen Schnupfen!"

Die Frau Schulwart rubbelte dem Franz nicht nur den Kopf trocken, sie borgte ihm auch einen Trainingsanzug. Aus der Fundkiste holte sie den.

Der Trainingsanzug war ziemlich groß. Drei Franze hätten in dem Platz gehabt. Der Franz

wäre lieber in seinen klatschnassen Sachen geblieben. Doch das erlaubte die Frau Schulwart nicht.

Als der Franz mit den nassen Klamotten über dem Arm in die Klasse kam, hatte der Zickzack schon mit dem Unterricht begonnen. Die Rechenaufgaben sammelte er gerade ein.

„Dein Heft!", sagte er zum Franz.

Der Franz nickte und griff in die hintere Hosentasche der Jeans und holte den Brief vom Papa heraus. Der Brief war klatschnass! Keinen einzigen Buchstaben konnte man mehr erkennen. Nur hellblaue und dunkelblaue Wolken waren auf dem Papier. Der Zickzack starrte auf die Wolken.

„Was soll das?", fragte er.

„Hat mein Papa geschrieben!", piepste der Franz.

„Was heißt das?", fragte der Zickzack.

„Dass es meinem Heft so gegangen ist wie dem Brief", piepste der Franz.

„Rede vernünftig!", rief der Zickzack.

„Über die Pantoffeln bin ich gestolpert", piepste
der Franz.
„Über welche Pantoffeln?", brüllte der
Zickzack.
Da konnte der Franz vor lauter Aufregung
nicht einmal mehr piepsen. Er räusperte sich,
aber mehr als ein paar merkwürdige Krächzer
schaffte er nicht. Er hustete. Weil er dachte, er
könnte die Stimme zurückhusten.
So viel er aber auch hustete und sich räusperte,

die Stimme blieb weg.

„Im Regen verkühlt!", sagte der Zickzack.

„Total verkühlt!"

Der Zickzack ging zum Schrank, nahm ein frisches Tafelwischtuch heraus und wickelte es dem Franz um den Hals.

„Hinsetzen, Mund halten, kein Wort reden!", kommandierte er.

Der Franz ging zu seinem Platz, setzte sich hin und hörte zu, wie der Zickzack den anderen Kindern erklärte, dass man eine verkühlte Stimme schonen müsse. „Sonst kann man wochenlang heiser sein!", sagte der Zickzack.

Am Nachmittag erzählte der Franz der Lilli die Sache.

„Aber Kurzer!", rief die Lilli. „Du kannst ja nicht bis zum Schulabschluss heiser bleiben! Einmal musst du ihm doch sagen, dass das Heft baden gegangen ist!"

„Aber nicht gleich morgen", sagte der Franz und seine Stimme war schon wieder ein bisschen piepsig.

Der Papa und die Mama waren auch dafür, dass der Franz gleich morgen dem Zickzack die Sache mit dem Heft erklären solle.

„Aufschieben bringt nix", sagte der Papa.

„Sei doch nicht immer so ein kleiner Hasenfuß", sagte die Mama.

Und der Josef sagte: „So was von zittrigem Borstenvieh. Macht sich wegen jedem Pups in den Kies gleich in die Hose!"

Der Franz musste dem Papa, der Mama und dem Josef recht geben! Ganz wütend war er auf sich selber!

Stocksauer! Nicht einmal im Spiegel wollte

er sich anschauen! Aber was half das alles?
Er konnte es ja nicht ändern, dass er stumm
wurde, wenn der Zickzack brüllte.
„Klar kannst du das ändern, Borstenvieh",
sagte der Josef. „Musst dich eben
überwinden!"
Überwinden? Der Josef hatte leicht reden! Der
musste sich ja nie überwinden! Der musste
sich höchstens überwinden, einmal den Mund
zu halten! Der war der frechste Bub in seiner
Schule! So einen Blödsinn wollte sich der
Franz nicht länger anhören!

Er ging zur Gabi hinüber und klagte der Gabi
sein Leid. Die Gabi war die Einzige, die ihn
jetzt trösten konnte.

Die Gabi tröstete den Franz nicht nur, sie gab
ihm auch einen guten Rat. Einen echten Super-
Rat!

Am nächsten Tag kam der Franz mit dem
Kassettenrekorder in die Schule. Gleich nach
dem Acht-Uhr-Läuten zeigte der Franz auf.
„Was gibt's?", fragte der Zickzack.
Der Franz nahm den Kassettenrekorder und
ging zum Lehrertisch. Er drückte die ON-Taste.
Ganz laut schallte die Stimme vom Franz
durch die Klasse:
„Bitte, mein Rechenheft ist in die Badewanne
gefallen. Es ist schon wieder trocken, aber
reinschreiben kann ich nichts mehr, weil das
Papier Wellen schlägt."
Dazu machte der Franz den Mund auf und zu
und auf und zu und auf und zu ...

32

Der Zickzack starrte den Franz an. Mit weit
aufgerissenen Augen starrte er. Und dann fing
er zu lachen an.

Zuerst kicherte er, dann wieherte er, dann
schlug er sich mit den Händen auf die Schenkel,
dann hielt er sich die Hände auf den Bauch.
Und lachte immer noch. Tief und scheppernd.

Als ob tausend Kieselsteine in einem Blech-
fass herumwirbelten, hörte sich das an.

Und dann nahm er die Brille ab, wischte sich
die Lachtränen aus den Augen, stand auf, ging
zum Schrank und holte ein neues kariertes
Heft heraus. Er überreichte es dem Franz.

„Bitte sehr, du Wahnsinnsknabe", sagte er und
kicherte schon wieder.

Der Franz piepste „Danke schön" und ging mit
dem Heft und dem Rekorder zu seinem Pult
zurück.

In der Pause dann gratulierten alle Kinder dem
Franz. Sie sagten: „Du bist der Erste, der den
Zickzack zum Lachen gebracht hat. Außer dir
schafft das niemand!"

Da war der Franz sehr stolz.

Wie der Franz kein blutiges Knie hatte

Punkt sieben Uhr dreißig geht der Franz jeden Schultag mit der Gabi aus dem Haus. Obwohl man, wenn man schnell geht, bis zur Schule nur fünf Minuten braucht. Aber der Franz und die Gabi gehen gern langsam. Und bleiben gern vor Schaufenstern stehen. Allein vor dem Schaufenster der Tierhandlung stehen sie schon gut fünf Minuten. Tanzmäuse und Goldhamster und Meerschweinchen sind im Schaufenster.

Die Gabi mag Meerschweinchen sehr. In ein Meerschweinchen hat sie sich richtig verliebt. Es hat lange, schwarze Haare. Nur auf dem Rücken hat es einen weißen Fellfleck.

Die Gabi hat dieses Meerschwein „Kasimir" getauft. Jeden Morgen klopft sie an die Scheibe und fragt: „Hast du gut geschlafen, Kasimir?"

Die Gabi glaubt fest daran, dass der Kasimir dann den Kopf hebt und ihr zulächelt.

Oft hat sie mit dem Franz schon deswegen
gestritten.

Der Franz sagt: „Meerschweine lächeln nicht.
Das können nur Menschen. Frag meinen Papa,
wenn du mir nicht glaubst!"

„Der weiß auch nicht alles!", sagt dann die
Gabi. „Mein Papa sagt, dass Meerschweinchen
lachen können!"

(Das stimmt zwar nicht, aber die Gabi findet,
wenn der Franz mit seinem Papa daherkommt,
kann sie ruhig mit ihrem daherkommen.)

Einmal, als der Franz und die Gabi zur
Tierhandlung kamen, hob der Kasimir nicht
den Kopf. Er saß in einem Winkel und fraß ein
Salatblatt. Die Gabi klopfte noch einmal an die
Scheibe und rief:

„Kasimir, ich bin's!" Aber das Meerschwein
scherte sich nicht um sie.

„Was kann er nur haben?", jammerte die Gabi.
„Ob er krank ist?"

„Kranke Viecher fressen nichts", sagte der

Franz. Er schaute das Meerschwein an, bekam
eine Falte auf der Stirn und rief:
„Das ist nicht dein Kasimir. Dem sein weißer
Fleck war kleiner und runder! Und schau! Jetzt
legt sich das Vieh auf die Seite! Es hat Zitzen
am Bauch! Das ist kein Kasimir, das ist ein
Weibchen!"

„Du spinnst ja", rief die Gabi. „Ich kenn doch
meinen Kasimir!"
„Liebe macht blind", sagte der Franz.

„Und wo wär dann der Kasimir?", rief die Gabi.

„Verkauft!", sagte der Franz. „Gestern Nachmittag. Und der Tierhändler hat eben eine andere Meersau reingesetzt. Eine, die dem Kasimir ähnlich schaut!"

Die Gabi glaubte das nicht. Richtig wütend wurde sie. Sie schrie: „Blödian, du! Wirst schon sehen! Zu Mittag fragen wir den Tierhändler!"

Der Franz sagte: „Kannst ihn ja gleich fragen." Er zeigte die Straße hinunter. „Da kommt er schon!"

Der Tierhändler war ein alter Herr. Er ging langsam. Als er endlich bei der Tierhandlung war, sagte die Gabi zu ihm:

„Bitte, er glaubt, dass der Kasimir ein anderes Meerschwein ist. Nur weil er heute nicht lacht!"

Der Tierhändler sperrte den Laden auf.

„Was ist los?", fragte er und ging in den Laden. Die Gabi und der Franz folgten ihm. Und der Franz erklärte ihm die Sache langsam und ordentlich.

Der Tierhändler gab dem Franz *und* der Gabi

recht. Das Meerschwein war ein Weibchen!
Aber es war dasselbe Meerschwein, das seit
sechs Wochen im Schaufenster saß.
„Dann heißt es eben Kasimira", sagte die Gabi.

Sie hob das Meerschwein aus dem Schaufenster, nahm es auf den Arm und streichelte
es.
„Na bitte!", rief sie. „Es lacht!"

„Es schnuppert", sagte der Tierhändler.
„Nein, es lacht", sagte die Gabi.
„So stur ist sie immer!", sagte der Franz.
„Typisch Frau!", sagte der Tierhändler.

Und dann schauten der Franz und die Gabi
erschrocken, denn die Pendeluhr im Laden fing
zu schlagen an und schlug acht Mal.
„Oh du Mist", flüsterte der Franz.

Die Gabi setzte das Meerschwein ins Schaufenster zurück.

„Was tun wir denn jetzt?", flüsterte sie.

Der Tierhändler lachte. „Muss euch halt eine gute Ausrede einfallen", sagte er. „Sonst müsst ihr in der Ecke stehen! Oder steht man heutzutage nicht mehr in der Ecke?"

Der Franz und die Gabi murmelten „Auf Wiedersehen" und verließen den Laden.

Langsam gingen sie auf das Schulhaus zu. Immer langsamer wurden sie.

„Der Josef kommt oft zu spät in die Schule", sagte der Franz. „Der findet immer eine gute Ausrede!"

„Welche?", fragte die Gabi.

„Dass die Straßenbahn nicht gekommen ist", sagte der Franz.

„Unbrauchbar für uns", sagte die Gabi.

„Dass er im Kirchenchor gesungen hat und der Pfarrer zu lange gepredigt hat", sagte der Franz.

„Genauso unbrauchbar", sagte die Gabi.

43

Die Gabi setzte sich auf die Bank an der
Bushaltestelle. Der Franz setzte sich neben
sie. Sie dachten nach.

„Eine Krankheit wär gut", sagte der Franz.
„Wie wär's mit Hinfallen und einem blutigen
Knie?", fragte die Gabi.
„Sehen doch die Lehrer, dass wir keines
haben", sagte der Franz.

44

„Stimmt!", sagte die Gabi. „Aber wenn ich sage, dass du hingefallen bist und geblutet hast?"

„Warum sollst du zu spät kommen, wenn ich blute?", fragte der Franz.

„Weil ich dich hab stützen müssen. Und weil wir da langsam weitergekommen sind", erklärte die Gabi. „Und meine Frau Lehrerin sieht dich ja nicht!"

„Super!", sagte der Franz. „Aber was erzähle ich dem Zickzack?"

„Du erzählst dem Zickzack, dass ich hingefallen bin", sagte die Gabi.

„Super!", sagte der Franz.

Sie standen auf und gingen dem Schultor zu und der Franz dachte: Es hat auch Vorteile, dass wir nicht zusammen in eine Klasse gehen! Im Schulhaus war es sehr still. Auf dem Gang war kein Mensch. Auf der Treppe war auch niemand.

Die Gabi war schon in ihrer Klasse drinnen, da stand der Franz noch immer vor der Klassentür.

Aus der Klasse kamen nur ganz leise
Geräusche. Der Franz dachte: Die schreiben
sicher die Gedächtnisübung. Da warte ich
lieber, bis sie damit fertig sind!
Und dann hörte der Franz Schritte.

46

Die Schritte kamen näher, die Frau Schul-
direktor bog um die Ecke und stand vor dem
Franz.
„Du bist der Franz", sagte sie.
Der Franz nickte.
„Deinen Namen habe ich mir gemerkt", sagte
die Frau Direktor. „Weil das ein schöner Name
ist. Und so selten heutzutage!"

Der Franz nickte.

„Traust du dich nicht hinein?", fragte die Frau Schuldirektor.

Der Franz nickte.

„Hast du verschlafen?", fragte die Frau Schuldirektor.

Der Franz schüttelte den Kopf. „Nur wegen der Meersau", sagte er. Dem Franz gelang die Ausrede einfach nicht. Er erzählte der Frau Schuldirektor die Wahrheit. Gerade als er ihr erzählte, wie die Pendeluhr acht Mal geschlagen hatte, ging die Klassentür auf und der Zickzack brüllte:

„Wer treibt sich da auf dem Flur herum?"

„Ich, bitte", sagte die Frau Schuldirektor.

„Oh, pardon", sagte der Zickzack. Er wollte die Tür wieder zumachen.

Doch die Frau Direktor sagte: „Ach, nehmen Sie den lieben Franz gleich mit. Wir haben schon zu Ende getratscht!"

Der Franz ging mit dem Zickzack in die Klasse. Und der Zickzack fragte den Franz

überhaupt nicht, warum er zu spät gekommen
war.

Der Franz war heilfroh, dass ihm die Frau
Schuldirektor die Ausrede erspart hatte. Er war
sich nicht ganz sicher, ob er die Geschichte
vom blutigen Knie, ohne zu piepsen, geschafft
hätte.

Aber in der Pause dann kam die Lehrerin der
Gabi in die 1b.

Sie sagte zum Zickzack: „Du, in deiner Klasse muss ein Franz sein, der ein blutiges Knie hat. Schau dir die Wunde an, vielleicht muss er zum Arzt gehen."

Der Franz bekam vor lauter Schreck Bauchziehen.

Der Zickzack schaute zum Franz. Auf die nackten Knie vom Franz schaute er.

„Mein Franz ist okay", sagte er.

„Dann wird er in der 1c sein", sagte die 1a-Lehrerin und lief aus der Klasse.

In der Pause ging der Franz zur 1a und besuchte die Gabi.

„Wie ist es denn ausgegangen?", flüsterte er.

„Alles in Butter!", flüsterte die Gabi. Sie zwinkerte dem Franz zu. „Wie die Frau Lehrerin zurückgekommen ist, habe ich ihr gesagt, dass sie mich falsch verstanden hat. Der mit dem blutigen Knie geht in die Schule beim Park! Nicht in unsere! Darum habe ich ja auch so lange gebraucht!"

Der Franz starrte die Gabi an. Ganz hingerissen.

„Du kannst ja lügen", sagte er, „wie – wie – wie ..."

„... wie gedruckt!", half ihm die Gabi.

„Genau", sagte der Franz und drehte sich um und ging in seine Klasse zurück.

Seither bekommt der Franz immer zwei dicke
Denkfalten auf der Stirn, wenn ihm die Gabi
etwas erzählt.

Immer muss er dann denken: Lügt sie nun oder
sagt sie die Wahrheit?
Aber der Franz bekommt das nie heraus.

Inhalt

Welcher Weg führt zum Lösungswort?

Der Franz geht

F mit der Gabi zur Schule.

D mit dem Josef zur Schule.

Die Gabi mag

A Hunde sehr.

R Meerschweinchen sehr.

Kasimirs Fell ist

I schwarz mit einem weißen Fleck.

T braun mit einem weißen Fleck.

 Lösungswort: FRISUR

Im Schulhaus war es

J sehr laut.

S sehr still.

Der Frau Schuldirektor erzählte Franz

U die Wahrheit.

L eine Ausrede.

Die Gabi kann

Z nicht flunkern.

R lügen wie gedruckt.

LÖSUNGSWORT:

☐☐☐☐☐☐

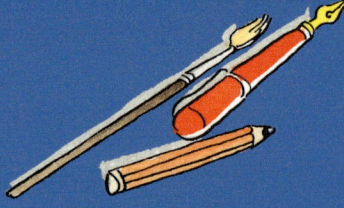

Überarbeitete Neuausgabe

4. Auflage
© 1996, 2013, 2019 Verlag Friedrich Oetinger GmbH,
Max-Brauer-Allee 34, 22765 Hamburg
Alle Rechte vorbehalten
© Titelbild und farbige Illustrationen von Erhard Dietl
Einband- und Reihengestaltung von Andrea Pieper
Druck und Bindung: Livonia Print SIA,
Jūrkalnes iela 15/25, LV-1046 Riga, Lettland
*Printed 2025/5
ISBN 978-3-7891-1212-6

www.oetinger.de